TROIS HÉROS ILLUSTRES

4ᵉ SÉRIE IN-8°

Aussitôt ce fils respectueux mit un genou en terre (page 49).

TROIS
HÉROS ILLUSTRES

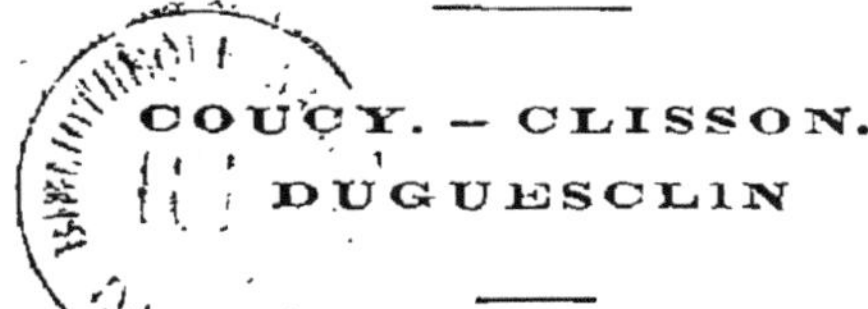

COUCY. — CLISSON. DUGUESCLIN

PAR

A. DE VILLENEUVE

LIMOGES

EUGÈNE ARDANT ET Cie

ÉDITEURS

TROIS
HÉROS ILLUSTRES

Nous allons entrer dans le XIVe siècle.

Notre France va commencer à se faire belle et coquette.

Jusqu'à présent nos grandes villes, Bordeaux, Lyon, Nantes, Amiens, Périgueux, Angoulême, Poitiers, Bourges, Limoges, etc., renfermées dans des enceintes plus ou moins fortes, et situées sur le plateau de montagnes ou les rives de grands fleuves, forment des rues étroites, irrégulières, obscures, privées de l'air si utile au bien-être, ainsi que de la lumière du soleil. Le long de ces voies malsaines, peu ou prou, remplies d'eaux croupissantes et souvent d'immondices, dans lesquelles barbottent les canards et gloussent les poules, des maisons en grossière charpente, en pierres mal agencées, et quelquefois en terre pétrie, sont rangées sans ordre. Les échoppes des marchands en obstruent les places et servent de tanières à des larrons et des coupeurs de bourses. Les artisans d'une même profession se logent les uns près des autres, composant des associations qui ont leurs règlements, leurs bannières avec armoiries, leurs patrons. Lorsqu'ils sortent de chez eux, après le couvre-feu qui donne le signal de la veille, les vilains sont obligés de porter avec eux un flambeau de résine ou de poix. Ah! c'est qu'il faut bien y voir pour éviter les cloaques, surtout durant les nuits d'hiver, car la fange et les gaz délétères qui en émanent forcent à s'en garantir. Ce qui ne les empêche pas de faire naître ces hideuses et funestes maladies connues sous le nom de *Mal des Ardents* ou feu sacré, et de lèpre, la plus terrible.

Mais voilà que toutes les villes, bien inspirées par l'exemple de Philippe-Auguste, qui a ordonné que sa capitale fût désormais lavée à grande eau, puis pavée dans tout son parcours, et puis encore purgée de toute constitution malsaine; voilà, dis-je, que toutes les villes de notre France veulent faire comme leur capitale et se nettoient, se purifient, se décorent de belles rues, et y édifient de vraies maisons.

Et pourtant, les grands seigneurs ne les habitent pas encore. Ils préfèrent aux villes le séjour dans leurs châteaux forts. D'ailleurs ils sont trop souvent en guerre avec leurs voisins, et rien ne paraît plus sûr pour eux que de se tenir à l'abri de leurs grosses tours et derrière leurs plus formidables murailles.

Il y a de ces seigneurs qui sont très-bons pour leurs serfs, et qui ne permettent pas qu'il y ait un seul de leurs vassaux en souffrance. Ils s'en font bénir, en leur faisant du bien, et l'on voit constamment des châtelaines, avec leurs filles, montées comme elles sur des haquenées, qui vont de chaumière en chaumière visiter les malades, leur porter des secours, et souvent les soigner de leurs propres mains. Mais il y a aussi de ces mêmes barons qui sont de vrais dogues, toujours prêts à mordre les manants et à les livrer à la torture.

Là, en approchant de leurs châteaux, au passage d'un torrent parmi les rochers, à la limite d'un fief, au-dessus de certains précipices, on voit d'affreux gibets auxquels pendent, soutenus par des cordes, des cadavres d'hommes, de femmes, de vieillards, que les corbeaux par bandes criardes déchiquètent en se les disputant. Ou bien dans les chemins ouverts au milieu des bois, ou sur les chaussées qui sillonnent les marais, on rencontre des demi-sauvages à mine farouche, qui viennent exiger des droits de péage. Malheur à celui qui n'a rien dans son escarcelle, car alors c'est sur sa peau que se venge le butor! Souvent, si le manant n'a pas su garder le silence et s'est permis quelque violence, il est appréhendé au corps, garroté et conduit dans les prisons du château. Or, ces prisons, hélas! sont bien voisines des oubliettes...

J'ai visité l'un de ces vieux manoirs du moyen-âge, et, après avoir vu toutes ses parties hautes, j'ai tenu à connaître ses parties basses. On m'a donc conduit dans un des cachots. Pour y arriver, on me fit descendre par une pente douce, mais obcure, dans un souterrain profond, où la torche du guide éclaira enfin une porte de chêne, massive, garnie de fer, avec un petit guichet. Une énorme clé ouvrit la serrure, plus énorme encore, et je me trouvai dans une assez large pièce, encore semée de paille pourrie.

— Que signifient ces crochets de fer scellés à la voûte? demandai-je.

— Ces crochets servaient à pendre les condamnés à mort... me fut-il dit.

— Et cette poterne, où conduit-elle?... ajoutai-je, pénétré d'horreur.

— Voulez-vous voir?... Regardez... seulement, n'avancez pas!

Le guichetier ouvrit péniblement la porte. Au niveau du même sol, je vis un parquet de bois. Mais, au centre du parquet, j'avisai une raie béante qui zébrait le bois dans toute la longueur de la pièce. Le guide prit alors une souche qui se trouvait là, et la jetant sur ce plancher :

— Ceci représente un homme... me dit-il, et voici les *oubliettes.*

En même temps, il fit jouer un ressort secret. Soudain le parquet s'entr'ouvrit, juste à la raie, et ses deux parties tombèrent lentement contre la muraille inférieure, en laissant voir alors un vide affreux, un abîme profond, noir et puant, car montèrent aussitôt des miasmes nauséabonds, comme d'un puits, comme d'un gouffre converti en charnier. Alors mon compagnon jeta dans l'abîme une gerbe de paille à laquelle il mit le feu, et ce feu en tombant, éclairait successivement toutes les parties du gouffre, hérissé ici de lances de fer, là de faulx tranchantes, et, pendant que la gerbe brûlait dans la profondeur, je crus entrevoir des squelettes décharnés, des membres brisés, d'horribles lambeaux corrompus...

Enfin, quand on fit jouer de nouveau le ressort, les deux battants de la vaste trappe se relevèrent petit à petit, se rapprochèrent, et, en se fermant, poussèrent un inexprimable grincement semblable à celui d'un damné...

Par bonheur, tous les châteaux forts n'étaient pas munis de semblables appareils, et si certains seigneurs se faisaient maudire, le plus grand nombre savait se faire bénir et aimer de ceux qui étaient tenanciers de leurs domaines.

Je vous ai déjà donné le croquis de ces châteaux forts, qui tous, à peu de chose près, se ressemblaient. Leurs grosses tours étaient séparées par des galeries crénelées et par divers corps de bâtiments percés de fenêtres inégales, dont l'embrasure indiquait l'épaisseur des murailles et des parapets. Ces fenêtres, généralement carrées, recevaient quelquefois la forme d'yeux, d'oreilles, de feuilles de trèfle : les volets étaient de simple toile.

Quant à l'intérieur de ces lourdes et massives constructions, un étranger n'y pouvait pénétrer sans appréhension. Les ouvertures, les meurtrières, les couloirs, les guichets, les poutres retenues en l'air par des câbles de fer, les portes basses et souterraines, leur seuil enfoncé dans un terrain humide et glissant, des citernes sans rebords, des ponts sans garde-fous, le bruit d'eaux invisibles grondant sourdement sous des voûtes lugubres, tout faisait redouter quelque surprise dans ces lieux étranges, et portait à imaginer des contes mystérieux défrayant les causeries des manants du voisinage.

En outre, les créneaux se couvraient, au-dehors, de claies hourdées, et les entrées étaient défendues par des fossés profonds aux eaux verdâtres, des machicoulis, des palissades, des barbacanes, et des ponts-levis précédant immédiatement des herses de fer, constamment baissées dans leurs rainures et ne s'élevant qu'à bon escient pour donner passage à qui de droit.

Enfin, dans les appartements, mal distribués, on voyait des cabinets noirs, de vastes chambres avec des lits larges de quatre mètres, de grandes salles mal fermées, où l'araignée filait ses gazes sans contrôle, où la chauve-souris voltigeait autour de piliers en forme de potence, qui servaient de supports aux plafonds. Dans les angles poudreux, comme dans les galeries de communication, des chiens, dressés à ce manège, épiaient et poursuivaient des loirs, des souris et des rats, dont ils faisaient chère lie.

Telles étaient ces antiques forteresses des barons et seigneurs au moyen-âge.

Maintenant, lecteur, suivez-moi à Laon, assez près de laquelle il est une petite ville et un modeste village qui portent l'un et l'autre le nom de Coucy.

Coucy vient de *Cociadiacum* et par contraction *Cociacum*, mots d'origine latine, et par conséquent gallo-romaine.

Ces deux Coucy sont dans la Picardie, et font partie de ce qu'on appelait, à l'époque dont il est question en ces pages, le comté de Vermandois, quoiqu'ils aient été renfermés plus tard dans le gouvernement de l'Ile-de-France.

Le village, qui paraît être plus ancien que la ville, porte le nom de Coucy-la-Ville, et la ville celui de Coucy simplement, ou de Coucy-le-Château.

Coucy-le-Château occupe la cime d'une assez haute montagne, au midi du village, en déclinant un peu vers l'occident, et sa situation est une des plus belles et des plus pittoresques qu'il y ait en France. Coucy pouvait passer certainement autrefois pour une place très-forte.

Le château est un carré irrégulier, fortifié à chacun de ses angles d'une très-belle tour. On y entre par un pont sur cinq piliers, qui soutiennent un pareil nombre de portes. On doit passer successivement par ces cinq portes. Entre les deux tours d'entrée, à main gauche, se dresse le donjon, tour renommée, qui, dit-on, n'a pas d'égale, tant pour sa hauteur, — cinquante-huit mètres — que pour sa circonférence — cent mètres — parmi les tours des manoirs de France.

Ce donjon était sans communication avec le château, et on n'y entrait que par un pont-levis. Afin de le garantir de toute attaque, on avait élevé tout autour une énorme muraille de six mètres d'épaisseur, et de pierre dure. C'est ce que l'on appelait *la chemise de la tour*. Disons de suite que le cardinal de Mazarin fit sauter ce donjon, après le siége que dut subir le château de Coucy, en 1652. Avant l'invention de la poudre, cette formidable forteresse était imprenable.

C'est dans ce manoir féodal que demeure la noble famille de Coucy, au xie siècle. Enguerrand de Coucy en est le fondateur. Etant enchâssé dans la forêt voisine, une superbe forêt très-giboyeuse, en 1052, il s'est empressé d'édifier un incomparable château fort, comme le paysage, comme la forêt. Et, fier de son œuvre, il fait graver sur le fronton :

> Je ne suis roy, ne prince au si,
> Je suis le sire de Coucy !

D'aucuns prétendent que les véritables vers du fronton sont les suivants :

> Roy ne puis-je être ?
> Duc ne veux être,
> Ne comte aussi,
> Mais grand seigneur de Coucy.

Du reste, deux familles ont porté ce nom :

La première, qui tire son origine d'un comte de Chartres, en 965, s'est divisée en deux branches, et dont l'une s'éteint en 1213, et l'autre prend le nom de Coucy-Vervins, et, de nos jours, elle existe encore.

La seconde, issue en 1213 d'Enguerrand de Guines, neveu du dernier sire de Coucy, s'éteint, en 1400, dans la personne de Marie de Coucy, femme du comte de Bar.

C'est à cette famille, issue d'Enguerrand de Guines, qu'appartient le héros dont nous avons à vous entretenir, cher lecteur.

Nous sommes en 1190, lorsque Raoul, sire de Coucy et fils d'Enguerrand, est maître et seigneur de la sirerie de ses ancêtres, dont il occupe le manoir.

Un soir, il arrivait à Coucy, monté sur son palefroi, quand il fait la rencontre d'un voyageur étrangement vêtu. Cet homme porte une cithare sur le dos : sa tête est coiffée d'une toque de velours noir que surmontent de longues plumes de faisan coquettement placées sur l'oreille. Il a un justaucorps de drap vert orné de passementeries d'or, et ses jambières violettes sont fixées à sa taille sous une ceinture blanche. Le sire de Coucy est gravement salué par l'étranger. Il trouve sur son front la trace de dures fatigues, le hâle des vents et d'un soleil méridional, et à ses bottines de peau de daim, passablement endommagées, il devine un personnage revenant de contrées lointaines.

— Jeune cavalier, dit tout-à-coup à Raoul le voyageur, sa toque à la main, vous plaît-il de m'indiquer un lieu où je puisse me reposer sans mesure ni souci? Je ne connais pas ces contrées, et j'ai perdu le grand chemin...

— Viens au manoir de mes pères, ami voyageur, tu trouveras là l'hospitalité de nobles cœurs et les soins que de sages et douces femmes aiment à donner à ceux qui pérégrinent sur une terre qu'ils ne connaissent pas...

On est en hiver, le vent souffle et la neige commence à tomber. Mais voici la montagne qui se montre bientôt, et sur l'escarpement de la montagne les maisons de Coucy et la masse informe du château qui apparaissent dans le clair-obscur de la tombée de la nuit. Les fenêtres de la résidence seigneuriale s'illuminent même peu à peu des lueurs du dedans. Et quand le son du cor s'élance de la guette pour retentir dans la vallée et annoncer l'approche d'un cavalier, accompagné d'un manant, les pages de service s'empressent de se présenter dans la cour d'honneur, munis de flambeaux.

Raoul de Coucy introduit l'inconnu dans le grand salon de famille, où se tiennent à cette heure les dames du manoir, les enfants, les écuyers, les pages et les commensaux ou invités. Là, au fond d'une immense cheminée brûlent des chênes entiers dont la flamme généreuse rend bien vite le sentiment et la vie. On peut s'y chauffer à son aise, certes, et même placer entre soi la table aux échecs, le métier à broder, et les petits pages des *belles cousines*, lesquels présentent leurs bras à l'écheveau de soie pour servir de dévidoir. Le dessus de ce vaste foyer est orné de lances, d'épieux, de plombées, de hallebardes, placées en travers, mais aussi de sculptures, de bas reliefs, avec l'écusson du maître du logis rayonnant sur le tout.

Les dames et damoiselles, en beaux atours doublés de fourrures, marte, hermine menuvair ou zibeline, s'empressent autour de l'étranger, autant pour lui offrir leurs services et lui souhaiter bienvenue, que par curiosité de voir son costume bizarre et son attitude originale.

Puis on passe dans la pièce voisine, plus vaste encore, et aussi étrangement décorée de mille instruments de guerre, de chasse ou de pêche ; et on s'assied autour d'une immense table chargée d'amphores, de hanaps et de la plus succulente venaison.

De retour dans la grande salle où flambe

dans l'âtre la forêt du voisinage, la dame de Coucy s'adressant au voyageur de sa voix la plus douce que sa chambre est prête, qu'il doit être fatigué, et que, s'il le veut, il lui est loisible d'aller y prendre son repos.

— Pas encore, belle dame, répond-il en saluant. Permettez-moi de prolonger encore mon bonheur en si noble compagnie. Et puis, je dois vous payer ma dette de reconnaissance, en vous disant qui je suis, et en vous faisant entendre mes récits, ballades, pastourelles, tensons ou chants de guerre...

— Etes-vous donc félibre ou troubadour, seigneur ? répond la gente épouse de sire Raoul.

— Félibre ? pas encore : mais trouvère, mais troubadour, mais jongleur... Et si vous ne savez pas encore, aimables damoiselles, ce que veut dire pareille profession, écoutez-le.

Témoins de cent actions d'éclat sur les champs de bataille, admirateurs des sites merveilleux que présentent à l'œil les régions où le soleil se lève, il s'est trouvé des hommes qui, sous le nom de trouvères ou troubadours, avec le génie du poète, ont entrepris de chanter les exploits des héros, les beautés de la nature et les aventures des voyageurs. Ces chevaliers errants de la gloire, de la douleur, du plaisir et des œuvres de Dieu sont nombreux, maintenant, depuis nos immortelles Croisades. Or, je fais partie de ces troubadours. Comme eux, je viens de l'Orient, j'ai vu nos Croisés sous les murs de Jérusalem, et j'ai été le témoin assidu de leurs grands coups d'épées, comme aussi de leurs sinistres désastres...

Sur ce, le troubadour décrit à grands traits l'apparition de Pierre l'Ermite prêchant la première Croisade avec l'accent de l'enthousiasme, le succès de ses paroles, la foule des gentilshommes se faisant inscrire pour prendre la croix et voler à la défense de la Ville-Sainte, enfin le départ des armées de la France et leur arrivée sous les murs de Jérusalem.

Il raconte ensuite les grands coups d'épée du duc de Lorraine, Godefroi de Bouillon, chef de l'expédition, et la vaillance de ses deux frères, Eustache et Baudouin. Il rappelle la bravoure de Robert, le comte de Flandre, les ruses d'Etienne de Blois, la prudence de Hugues, le frère du roi, les violences de Raymond, comte de Toulouse. De vous aussi, héros étrangers, il célèbre les brillantes passes d'armes, et s'il reproche à Bohémond, prince de Tarente, ses cruautés, il applaudit aux traits d'audace du prince de Syracuse, le bouillant Tancrède. Il dit avec quel bonheur tous ces grands capitaines ont lavé dans le sang des infidèles les outrages dont le Christ fut l'objet. Enfin, il chante la prise de la ville de David, le 15 juillet 1099, alors que les Croisés s'emparent de Jérusalem.

Il parle avec un tel feu, une âme si ardente; il présente des tableaux si navrants des horreurs dont les musulmans font la ville sacrée le sinistre théâtre, que les dames et damoiselles s'agitent sur leurs siéges en frémissant, en pâlissant; que les enfants pleurent en regardant le Christ d'ivoire suspendu à la muraille en face du foyer; que les vieillards regrettent la fuite de leurs jeunes années; et que Raoul de Coucy, détachant soudain sa hache d'armes d'une panoplie, s'en empare comme d'un bijou pieux, la baise de ses deux lèvres, et en faisant jaillir l'éclair à la lueur des torches, s'écrie :

— Et moi aussi, à mon tour, je prends la croix, et puisque Philippe-Auguste, mon maître, renouvelle la guerre sainte entamée contre les Sarrasins par Godefroi de Bouillon, et poursuivie par son père Louis VII, se rend en Asie avec son dévoué Richard-Cœur-de-Lion, roi d'Angleterre, je veux partir et aller frapper ces misérables mécréants de cette massue que, dès demain, au jour, sera chargé de bénir l'aumônier du manoir...

— Vous, dame de Coucy, préparez la housse d'armes sur laquelle, vous, damoiselles, vous coudrez la croix rouge du Croisé... ajoute-t-il avec chaleur. Quant à vous, hérauts, sergents et écuyers, fourbissez mon heaume et ma cuirasse, choisissez mes chevaux les plus vigoureux, et mettez-vous en mesure de me suivre au plus tôt... Sus, sus aux musulmans!...

— Merci, seigneur troubadour, ajoute-t-il en tendant la main à l'inconnu, merci! Vos touchants récits me vaudront près du ciel l'expiation que je vais faire des fautes de ma vie...

Ainsi parle le sire de Coucy, avec l'inspiration de la foi, car il est croyant et il aime Dieu. Et puis, d'ailleurs, il est fils et petit-fils d'autres preux de sa lignée, il doit être l'émule des autres chevaliers de sa famille qui ont déjà versé leur sang pour la délivrance de la ville qui a vu mourir le Sauveur, car, hélas! cette ville, qui a déjà eu quelques rois français, vient d'être reprise par les mahométans!

Or, cette foi, vive et désintéressée, l'anime et le... soutient contre les défaillances de son cœur...

Oui, les défaillances de son cœur, car disons-le de suite, Raoul de Coucy a un fol amour dans l'âme... Il aime bien tendrement la belle dame de Fayel, dont le manoir n'est pas très-éloigné du sien, la dame de Fayel qui a son mari, un mari fort jaloux; et c'est d'une absence de ce mari qu'il a profité, ce soir même, pour aller rendre ses hommages à la dame de ses pensées...

Il part néanmoins, avec une suite nombreuse, laissant dans les larmes, la douleur et les prières sa famille désolée, qui va sans doute attendre bien impatiemment son retour. Oh! le reverra-t-on jamais!... Il part et s'embarque. La nef qui le porte, lui et les siens, va le déposer sur les rivages de la Palestine, assez près de Saint-Jean-d'Acre, dont les Croisés font le siége.

Saint-Jean-d'Acre, l'ancienne Ptolémaïs, l'Akka des Turcs, est entourée d'anciennes, mais puissantes fortifications. Toute l'armée des Croisés l'entoure. Le jeune Raoul, sire de Coucy, se met aussitôt à la tête des légions françaises, avec les chefs les plus habiles et les plus vaillants.

Plusieurs assauts successifs sont livrés à la place avec un égal acharnement des assiégeants et des assiégés. Les flots tumultueux des Français roulent et se précipitent vers les murs de la ville avec la rapidité d'un torrent. Ils montent sur les remparts à demi ruinés comme les chèvres sauvages gravissent les roches escarpées, tandis que les Sarrasins tombent sur les assiégeants tels que des pierres détachées du sommet des montagnes.

Il n'est bruit dans le camp des Croisés que de la fougue indomptable de Raoul de Coucy. On dirait qu'il veut par son audace et sa vaillance réparer le temps qu'il a passé ailleurs que sous l'étendard de son roi, et loin des murs de la ville infidèle. Chaque jour il conduit ses guerriers à la bataille, chaque jour il accable les ennemis qui veulent tenter des sorties. On le voit constamment le premier à les refouler dans leurs murailles, tout prêt à y pénétrer à leur suite, et constamment le dernier à revenir derrière ses hommes d'armes, lorsque la nuit les contraint à venir s'abriter sous leurs tentes.

Un soir, suivi de nombreux soudards, il essaie d'escalader un bastion, et déjà le cimier de son casque dépasse le parapet. Mais une horde de musulmans s'échappe des poternes basses de la fortification, renverse les échelles, égorge quelques soldats et repousse les plus téméraires. Seul, le sire de Coucy, l'épée aux dents, se tient accroché à l'un des créneaux, suspendu dans le vide. Mais la pierre s'ébranle : elle se détache et tombe avec fracas dans l'abîme d'un fossé profond. Raoul est précipité, comme elle, et brisé dans sa chute. Mais non, le jeune héros a invoqué le ciel, et le ciel lui a porté secours. Le sire de Coucy est relevé par ses écuyers, sans avoir souffert. Sa cuirasse seule est bossuée et son harnais de guerre quelque peu compromis.

Enfin, le 13 juillet 1191, malgré l'énergique résistance de la garnison, qui se défendit comme le lion défend son antre ensanglanté, Saint-Jean-d'Acre est obligé de se rendre. La capitulation porte que trois cent mille pièces d'or seront versées aux mains des chefs de l'armée chrétienne, que le bois de la vraie croix du Sauveur leur sera remis, que mille six cents prisonniers leur seront rendus, et que la garnison, ainsi que tout le peuple de la ville, restera au pouvoir des vainqueurs, jusqu'à pleine exécution du traité.

Mais, hélas ! précisément dans le dernier engagement des Croisés avec les Sarrasins, notre paladin Raoul de Coucy reçut une cruelle blessure. Tout d'abord on crut que les médecins de l'armée auraient facilement raison de la meurtrissure. Il n'en fut rien. La chaleur du climat rendit incurable la plaie, et le sire de Coucy mourut à l'heure du triomphe.

Avant de rendre le dernier soupir, Raoul, dit-on, chargea son écuyer favori de retourner en France au plus vite, tout après sa mort, et de porter son cœur à la dame de Fayel. L'écuyer, une fois son maître bien-aimé confié à la terre, loin, bien loin des siens qui pensaient à lui, et de son manoir qui l'attendait, se mit en devoir d'exécuter les dernières volontés du sire de Coucy. Mais... il fut surpris par l'époux, au moment où il se glissait dans le manoir de la belle dame. Celui-ci prit le cœur, et, c'est horrible à dire!... il le fit cuire et préparer comme un ragoût. Puis on le présenta à la dame de Fayel, qui... le mangea...

Instruite trop tard de son malheur, l'infortunée jeune femme jura de ne plus prendre de nourriture, et se laissa mourir de faim...

Au confluent de l'Ille et de la Vilaine, dans la Bretagne, il est une antique cité de fort belle apparence et du sein de laquelle émergent de vénérables monuments, qui a nom Rennes, autrefois Condate, au pays des Redons.

Or, vers 1345, tout le populaire de la ville, et le plus débraillé, était massé, hommes, femmes et enfants, devant la principale porte ouverte dans les remparts de l'enceinte, regardant avec une curiosité fébrile, presque en silence, tant était grande l'émotion, un spectacle terrifiant, en effet, un objet hideux, horrible à voir... C'était une tête d'homme plantée sur un pieu, visage convulsionné par la souffrance, face sanguinolente aux yeux demi-clos, à la bouche contorsionnée, laissant voir des dents blanches à travers ce rictus de lèvres violacées.

Tout-à-coup, une jeune femme en grand deuil, les cheveux épars, conduisant deux enfants par la main, ses deux fils, écarta la foule, qui se rangea docilement par le fait de sa seule approche, et alla se placer devant le pieu fixé en terre, qui supportait cette sinistre tête de décapité.

— Jeanne de Belleville... murmura la foule houleuse.

— La veuve du supplicié Olivier de Clisson... ajoutèrent quelques voix.

Alors, poussant ses deux enfants jusqu'au pied de l'horrible pilori, et leur montrant la tête du doigt :

— Voilà ce que le roi de France, Philippe VI de Valois, a fait de votre père... leur dit-elle, les yeux hagards. Jurez-moi, jurez ici, devant ce peuple, que vous vengerez la mort de celui de qui vous tenez la vie... ajouta-t-elle.

Et les enfants, pâles et le visage ruisselant de larmes, mais ne comprenant qu'à demi les révélations de l'affreux spectacle, dirent ce que leur mère voulait entendre :

— Nous le jurons, mère !...

Aussitôt des hommes d'armes les éloignèrent.

Voici le mot de cette sanglante énigme : au commencement de la guerre que se firent, pour la possession de la Bretagne, les deux familles de Blois et de Montfort, Olivier de Clisson, seigneur du manoir et château fort de Clisson, près de Nantes, était gouverneur de Vannes.

Il livra cette place aux Anglais, séduit sans doute par l'espérance que lui donnait Edouard III, roi d'Angleterre, de le nommer vice-roi de la Bretagne. Un traité secret avait été conclu entre eux et d'autres barons bretons.

Le roi de France, Philippe VI de Valois, en fut instruit de manière que le doute fût impossible. Alors, voulant effrayer par un exemple les seigneurs français, Philippe de Valois fit tomber sa colère sur les bannerets bretons qui se trouvaient inscrits sur la liste des traîtres. Il les avait tous comblés de faveurs, surtout Olivier de Clisson, que sa haute naissance et ses vastes domaines rendaient un des plus puissants de la Bretagne.

Olivier et les autres partisans secrets d'Edouard III étaient alors à Paris. Ils y assistaient aux fêtes par lesquelles on célébrait le mariage du second fils du roi. Clisson fit briller dans les tournois sa force et son adresse. Mais au moment même où il sortait de la lice, il fut arrêté. Quelques jours après, il eut la tête tranchée, ainsi que quatorze chevaliers, ses amis, convaincus comme lui d'avoir favorisé l'Angleterre. Sa tête fut envoyée en Bretagne, et plantée, comme nous l'avons vu, sur une pique à la porte principale de la ville.

Jeanne de Belleville se retira dès-lors dans le château de Saint-Yves, près d'Hennebon, après avoir fait jurer à ses fils de venger leur père.

L'aîné de ces enfants était Olivier de Clisson,

qui, depuis, devint si célèbre, et dont nous allons nous occuper.

Il était né à Clisson, en 1336, dans le château fort situé sur la Sèvre-Nantaise; son père l'avait fait construire, à son retour de la Terre-Sainte, sur le modèle exact et comme formidable spécimen d'une forteresse de Césarée, en Palestine, dont il avait fait le siége. Ce château existe encore. Il est flanqué de tours et muni d'un donjon traditionnel, de tous les ouvrages de défense qui constituent les citadelles; mais, en outre, on lui a adjoint quatre entrées, si parfaitement agencées l'une dans l'autre, que si l'ennemi est assez heureux pour forcer la première, il n'est pas plus avancé dans son œuvre, car il se trouve en présence de trois autres qui l'arrêtent court, et, soit ici, soit là, le contraignent à reculer ou à succomber.

En sa résidence de Saint-Yves, Jeanne de Belleville, en attendant que le petit Olivier de Clisson fût en âge de guerroyer, réunit des amis, et se mettant elle-même à leur tête, elle enleva plusieurs forteresses au parti du comte de Blois, en faveur de Montfort, et combattit plus d'une fois corps à corps avec de très-vaillants chevaliers.

A cette nouvelle, Philippe de Valois confisqua les biens de cette héroïne et la déclara ennemie de l'Etat. Cette mesure ne fit que rendre sa fureur plus active. Chassée de ses domaines, elle vendit ses joyaux, acheta un navire, et secondée par quelques partisans fidèles, elle désola les côtes de la Bretagne.

C'est à cette école que le jeune Olivier de Clisson fit son apprentissage.

Après des combats opiniâtres, le vaisseau de Jeanne de Belleville fut mis hors d'état de tenir la mère. Jeanne se jeta dans une chaloupe avec ses deux fils et quelques serviteurs dévoués. Pendant six jours, elle erra sur l'Océan luttant contre les vagues et contre la faim. Ce fut dans ces tristes circonstances que son plus jeune fils mourut. Enfin elle put prendre terre à Morlaix, qui tenait parti pour le comte de Montfort. Elle y trouva Jeanne de Flandre, avec laquelle elle s'unit d'une étroite amitié.

En 1349, elle contracta un nouveau mariage. Edouard III la combla de bienfaits, et la comtesse de Montfort veuve à son tour, ne négligeant rien pour donner des partisans à Jean IV, son fils, les dispositions du jeune Clisson la frappèrent. Elle le fit élever avec Jean IV.

Olivier de Clisson suivit Jean à Londres, où il inspira une profonde affection à Edouard III. Aussi, quand il fallut que le jeune de Montfort parût en Bretagne, le prince anglais fit don à Olivier d'un équipage qui rivalisait de luxe et de richesse avec celui de Jean IV, prétendant au duché.

Ce fut au siége de Vannes, en 1357, que Clisson, âgé seulement de vingt ans, fixa sur lui l'attention, par d'éclatants faits d'armes, par sa grâce chevaleresque et par un goût pour le faste dont il ne se départit jamais. Ses exploits furent bientôt chantés par les ménestrels ou troubadours.

Mais, en même temps que la gloire, lui vient la saine raison.

Olivier comprend bientôt le rôle odieux qu'il joue, lui Français, et que jouent de même les barons bretons, Français comme lui, en servant l'Angleterre, ennemie de la France, et le duc Jean IV de la Marche, créature et appui des Anglais, au préjudice de la patrie française. Il rougit de cette perversion des idées et de ce renversement de l'esprit national, et il en fait rougir les gentilshommes de sa Bretagne. Et puis, comme il n'est plus sous l'influence de sa mère, Jeanne de Belleville, dévouée par vengeance au parti du duc de la Marche, il se décide à se réconcilier avec le roi de France et à servir désormais les intérêts de la France.

D'ailleurs, à Philippe VI de Valois a succédé son fils, Jean II le Bon, en 1350, lequel trouve ses Etats fort agités par des discordes intestines.

Profitant de cette déplorable situation, de leur côté, les Anglais, commandés par Edouard, prince de Galles et surnommé le *Prince Noir*, à cause de la couleur de ses armes, fils du vieil Edouard III, font invasion dans la France, en passant naturellement par la Bretagne, où se trouve leur partisan de la Marche. Jean II s'avance à leur rencontre, mais il est complètement battu à la journée de Poitiers, ou plutôt de Maupertuis, à quinze kilomètres de Poitiers.

Jean II, fait prisonnier, est conduit à la tour de Londres.

Alors notre pauvre France, est livrée à la plus déplorable anarchie. Charles-le-Mauvais, roi de Navarre, aspire ouvertement à la couronne ; il est secondé par Marcel, prévôt des marchands de Paris, qui remplit cette capitale de massacres, tandis que les campagnes sont désolées par la Jacquerie. Enfin, en 1360, est conclu entre l'Angleterre et la France le désastreux traité de Brétigny, qui rend la liberté à Jean II, moyennant une forte rançon et la cession de plusieurs de nos provimces.

En quittant l'Angleterre, Jean y laisse comme otage un de ses fils, le duc d'Anjou. Mais ce prince s'évade en 1363, et le généreux monarque retourne à Londres, s'y constitue prisonnier de nouveau, et répond à ceux qui le blâment :

— Si la bonne foi est bannie de la terre, elle doit toujours trouver un asile dans le cœur des rois...

Parole bien sublime qui peint bien le caractère chevaleresque du bon prince.

Hélas! Jean II meurt quelques mois après son retour à Londres.

Cependant Olivier de Clissson profite de la réunion provoquée par le traité de Brétigny, pour insister auprès des deux cours d'Angleterre et de France sur la restitution des domaines que lui a enlevés Philippe de Valois. Il rentre en possession de Garnache, de Beauvoir-sur-Mer, de Château-de-Vaux et de Château-Guy. Puis, il augmente encore sa force territoriale par son mariage avec Jeanne de Laval et devient, en Bretagne, une puissance formidable.

Il se forme alors une suite de quatre cents chevaliers et de mille arrière-vassaux dont il dispose à son gré.

En 1364, la bataille d'Auray décide l'affaire de la succession de Bretagne, entre Jean de Montfort et Charles de Blois. Ce dernier perd la vie dans la lutte, et Duguesclin, très-jeune encore, est fait prisonnier.

Désormais Montfort n'a plus de compétiteur, et c'est à Clisson, qui n'a pas encore rompu avec lui, que le duc doit son triomphe. En effet, le soir de cette victoire décisive, Clisson arrive au camp de Montfort, à la chute du jour, couvert de poussière et amenant un grand nombre de prisonniers. Le duc court à sa rencontre et l'embrasse, en lui disant :

— Après Dieu et Chandos, c'est à vous que je dois ce beau succès!

En même temps, il verse du vin dans la coupe ducale, et veut que le général anglais, c'est-à-dire ce Chandos, et Olivier de Clisson y boivent ensemble.

Boire avec un Anglais, ennemi de la France!... Clisson ne peut y consentir, et l'on voit le rouge de la honte lui monter au front. Montfort devine sa pensée et s'en offense. Aussi à partir de ce moment, Clisson n'est irrémissiblement plus à lui.

Charles V, que la postérité nomme le Sage, fils aîné de Jean II, occupe alors le trône de France, après avoir été régent du royaume pendant la captivité de son père.

Il habite l'hôtel Saint-Pol, où il a sa cour, lorsque se présente à lui, un jour, Olivier de Clisson, en qualité d'ambassadeur, envoyé, par Jean IV de Montfort. Charles V lui fait le plus gracieux accueil.

Fier des avances du roi, à son retour en Bretagne, Clisson traite le duc avec plus de morgue encore que précédemment. Il va même jusqu'à lui reprocher vivement la préférence dont les

Anglais sont l'objet de sa part. Enfin déterminé à faire un éclat, il demande à Montfort de lui céder le château de Gavre, qui a été donné à Chandos : mais il essuie un refus. Aussitôt il entre dans une violente colère, accuse le prince d'ingratitude en présence de ses gentilshommes, et retourne brusquement dans ses domaines.

Une fois au château de Clisson, Olivier réunit les hommes d'armes, se porte sur le Gavre, le brûle, charge sur ses chariots les pierres du château, et les conduit à sa maison de Blain, où elles sont employées à construire un nouveau corps de bâtiment.

Le duc de Montfort dissimule cette offense. Mais Chandos en porte plainte au prince anglais de Galles, lequel adresse à Olivier de Clisson de très-vifs reproches. Notre héros s'emporte : il envoie même un cartel au prince de Galles, qui refuse le combat. C'est alors à Montfort que le prince anglais envoie un message pour lui témoigner sa surprise de la conduite de Clisson, en lui demandant, avec la hauteur qui caractérise les personnages d'outre-Manche, si la Bretagne a déjà oublié qu'elle tient son maître de l'Angleterre...

Cet incident aigrit d'autant les esprits et hâte le dénouement.

Aussi Montfort éloigne Olivier en le chargeant d'une nouvelle mission auprès du roi de France.

A Paris, Olivier de Clisson n'en défend pas moins avec chaleur les intérêts du duc. Il proteste de l'attachement de Montfort à la France, il...

Tout-à-coup Charles V l'arrête et lui apprend que, au mépris de la foi jurée, le duc de Bretagne, ce Montfort dont il fait l'éloge, lui Clisson, prend ses dispositions pour livrer passage aux troupes anglaises, aux troupes anglaises, notez bien ! qui se rendent dans l'Aquitaine, — c'est-à-dire la Guyenne, pour renforcer l'armée du Prince Noir, contre la France...

Olivier de Clisson, à ces mots, est outré d'une pareille trahison. Il déclare à Charles V que, dès ce moment, il abandonne à tout jamais les intérêts de Montfort, et qu'il accepte les offres que lui fait depuis longtemps le roi de France.

Séance tenante, il est nommé *lieutenant pour le roi* dans cette province de Guyenne, où guerroie le Prince Noir, et dans laquelle la France possède encore quelques places. Cet emploi le rend l'égal du duc d'Anjou, qui commande en Languedoc, et met sous ses ordres les troupes disséminées dans les provinces de l'ouest.

Décoré de son nouveau titre, Olivier revient en Bretagne, brave le duc jusque dans son palais, étalant les insignes de sa haute dignité, et se montrant toujours précédé de deux hérauts aux armes de France. Alors il se hâte de visiter ses domaines, y lève le plus de monde possible, et enflamme le zèle des autres bannerets. Bref, il réunit une compagnie de trois cents lances, à peu près mille huit cents hommes parfaitement équipés, et vient les offrir à Charles V.

Ensuite il court sus aux *malandrins*, c'est-à-dire aux compagnies d'hommes de sac et de corde qui louaient leur épée à quiconque avait besoin de *bravi*, misérables soudards envoyés par l'Angleterre, qu'il défit sur les bords de la Dordogne.

Dans un voyage qu'il fait en Bretagne, il se rencontre avec Duguesclin, et ils s'adoptent mutuellement comme *frères d'armes*. La cérémonie qui constitue cette adoption, et les fêtes qui la suivent, sont célébrées au château de Pontorson, avec le plus grand appareil, en 1369.

La campagne de cette année, si glorieuse pour les armes françaises, fournit à notre vaillant capitaine de nombreuses occasions de se signaler. Il n'en laisse échapper aucune.

D'abord il détruit l'armée de Robert Knolles, général anglais, grand sénéchal de la Guyenne, qui commandait, en 1364, une division de l'armée par laquelle les Français furent battus à Auray, mais qui fut battu à son tour par Duguesclin, près de Pont-Villain. en 1370.

Ensuite, envoyé en Poitou, il force les troupes du prince de Galles à lever le siége de Moncontour et les rejette en Guyenne.

Le vieux Edouard III ne peut se consoler d'avoir élevé à sa cour un tel personnage, dont le courage lui est si fatal. Dans le but de servir le ressentiment de ce monarque, les chevaliers anglais lui promettent de poursuivre Clisson à outrance, et de le prendre mort ou vif. Il s'ensuit une lutte exaspérée.

Néanmoins Olivier de Clisson réussit à amoindrir l'autorité de Montfort et des Anglais dans la Bretagne. Ce fut ainsi qu'il enleva Auray d'assaut, en faveur du roi de France, et que, du château de Nantes, où il avait nombreuse garnison, il maintint la Bretagne sous la dépendance de Charles V.

En 1382, il contribua puissamment à la bataille de Rosebecq, gagnée par les Français sur les Flamands.

Aussi Charles V, en mourant, dit-il à ses frères :

— Or, faites connétable le sire de Clisson : je n'y vois nul plus propre que lui...

Olivier de Clisson devint donc connétable de France.

Mais que d'ennemis l'entouraient ! D'abord, Montfort, sous un prétexte courtois de gentilhomme, l'enferma dans son château de l'Hermine et, s'il ne le fit pas périr, ce fut grâce à la prompte intervention du roi de France.

Puis, Paris s'étant soulevé au commencement du règne de Charles-VI, lorsque celui-ci revint en sa capitale, une nombreuse députation alla au-devant de l'armée. Olivier ne voulut pas qu'elle fût admise auprès du pauvre roi, déjà malade, et il entra dans la ville en vainqueur, par une brèche pratiquée tout exprès. Alors il intercéda pour les Parisiens, en échange de quoi la ville lui fit présent d'une très-belle maison dite le *Grand Chantier du Temple*, et qui prit alors le nom de *Hôtel de la Miséricorde*. Cette maison devint plus tard l'hôtel de Guise; c'est actuellement l'Ecole des Chartes.

Mais bien des gens reprochèrent ses cruautés à Clisson, que l'on surnomma *le boucher*, parce qu'il déploya en cette circonstance, contre les révoltés de Paris, toute la sévérité de son caractère, ainsi qu'il le faisait contre les Anglais.

Il advint de là que le 13 juin 1392, au sortir d'une fête donnée à l'hôtel Saint-Pol, le connétable ayant pris congé, fort tard, du roi et du duc d'Orléans, avec huit valets dont deux portaient des torches, s'achemina vers la rue Culture-Sainte-Catherine. Là, Olivier de Clisson était attendu par son plus mortel ennemi, Pierre de Craon, seigneur breton chassé de la cour pour ses mauvaises mœurs, et qui rejetait ce renvoi sur le connétable. Quarante brigands à cheval, dont six ne savaient pas ce dont il s'agissait, se précipitent sur les valets d'Olivier et éteignent leurs torches. Tout d'abord Clisson croit que c'est un jeu de Louis, duc d'Orléans, le mari de Valentine de Milan.

— Monseigneur, lui dit-il, vous êtes jeune, il faut bien vous pardonner : ce sont jeux de votre âge...

Mais Pierre de Craon s'écrie :

— A mort ! à mort Clisson !... çi vous faut mourir !...

— Qui es-tu ? fait Clisson. Qui dit de telles paroles ?...

— Je suis Pierre de Craon, votre ennemi. Vous m'avez tant courroucé, que si vous le faut amender...

Le connétable essaie de se défendre, mais il est bientôt blessé et renversé de cheval. En tombant, sa tête vint donner contre la porte entr'ouverte d'un boulanger, qui céda sous le coup, ce qui le fit sauf. Les assassins, le croyant mort, se hâtent de fuir, d'autant plus vite qu'ils reconnaissent le connétable ; ils accompagnent Pierre de Craon jusqu'à son château de Sablé, dans le Maine.

La nouvelle de cet assassinat est portée au roi, comme il allait se mettre au lit. Il appelle

ses gardes, fait allumer des torches, et se rend
à la maison du boulanger, où Olivier commence
à recouvrer connaissance.

— Connétable, lui dit le roi, comment vous
sentez-vous ?

— Petitement et faiblement, cher sire... répond Olivier.

— Et qui vous a mis dans ce parti?

— Sire, Pierre de Craon et ses complices,
traîtreusement et sans nulle défiance.

— Connétable, oncques chose ne fut si cher
payée comme cela sera, ni si fort amendée...
réplique Charles VI.

Et Charles VI tint parole, car ce fut en pour-
suivant Pierre de Craon, qui se réfugia près de
Montfort, que le pauvre roi de France, en tra-
versant la forêt du Mans, devint fou, complètement fou, par l'effet du soleil, et surtout par
suite de la peur que lui fit un homme tout vêtu
de blanc.

Le duc de Bourgogne prit alors la régence,
et comme Olivier de Clisson s'était réfugié en
Bretagne, il lui envoya redemander l'épée de
connétable. Mais notre gentilhomme refusa de
s'en dessaisir, ne se croyant pas destitué...

Après quelques nouvelles altercations, Clisson
se réconcilia avec Montfort. Mais il eut des dé-
mêlés très-vifs avec le successeur de celui-ci,
Jean V.

Olivier de Clisson expira, le 23 avril 1407, à l'âge de 73 ans.

Sentant sa fin approcher, il fit venir Beaumanoir, son vieil ami. Ce fut à lui qu'il remit l'épée à pommeau d'or parsemé de fleurs de lis, insigne caractéristique de la charge de connétable, en le priant de la porter au roi Charles VI. Le banneret, fondant en larmes, promit d'accomplir ce vœu : mais il n'eut pas le temps d'accomplir sa mission, car il mourut lui-même quelques jours après Olivier de Clisson.

Le soleil descend peu à peu derrière les collines de Ploërmel. Le soir se fait, mais lentement, ainsi qu'il arrive aux beaux jours de l'été. L'air est frais, et le ciel, marbré de jolis nuages blancs, laisse apparaître de larges traînées d'un bleu pur.

Nous sommes en Bretagne, la Bretagne au début du XIVe siècle, c'est-à-dire encore à l'état sauvage, mais d'une poésie ravissante.

On ne peut la parcourir longtemps sans trouver, ici et là, quelque château fort placé au sommet d'une éminence et dominant de toute sa taille de géant les gorges et les vallées d'alentour.

Je vous signale la masse imposante et grinchue de celui de la Motte-Roon, non loin de Rennes, que le soleil dore de ses derniers feux.

Que se passe-t-il dans les environs de ce manoir déjà vieux? On voit aller et venir des manants en belle humeur, des vilains endimanchés, des ânes portant de lourds fardeaux qui s'acheminent du château vers la plaine inférieure, des écuyers arrivant en sens contraire aux glacis de la forteresse et conduisant en laisse de vigoureux étalons caparaçonnés, et portant sur leurs housses des armes de bataille, lances, glaives, cuirasses, jambards, casques, hauberts, tous les harnais de guerre. Partout c'est une agitation fiévreuse, incessante, indéfinissable, le long des sentiers escarpés qui scandent la montagne ou qui en descendent.

Toutefois, ce qui éveille davantage la curiosité, ce n'est point cet amalgame de serfs joyeux de varlets du château la chanson aux lèvres, ni l'apparition d'hommes d'armes moroses, de hérauts en tuniques armoriées, de soudards allègres et de gentilshommes escaladant sur leurs coursiers les âpres chemins qui sillonnent en tout sens le paysage abrupte, ou de jeunes filles et de matrones, sur leurs haquenées élégantes, franchissant le pont-levis, et passant sous la herse de la résidence seigneuriale : mais c'est la tête presque difforme, et l'œil glauque, lançant par moments des éclairs, d'un jeune gars, lequel, hissé sur les créneaux les plus élevés qui couronnent les ravenelles du manoir, observe ce qui se passe au loin, dans les larges plis de terrain, d'un plateau surplombant la vallée, qu'arrose une rivière aux eaux limpides.

Que peut-il donc regarder ainsi, à distance, et avec cet œil de convoitise qui ne l'embellit pas, et se manifeste par la persévérance et la fixité.

Afin de donner satisfaction à l'intérêt que vous portez à ma réponse, cher lecteur, permettez-moi de monter près du jeune gars en question. Là, sans doute, j'aurai le mot de l'énigme.

Du point culminant qu'il occupe, l'attentif personnage voit se dérouler un large plateau qui occupe les parties basses des éminences, et sur ce plateau apparaissent, en effet, de ces choses qui surexcitent singulièrement l'envie de voir propre à la jeunesse.

Une immense enceinte faite de toile blanche, rayée de bleu et relevée de draperies de diverses couleurs, que décorent en outre de luisantes panoplies, est dressée sur ce vaste plateau. Des mâts très-élevés sont dressés de distance en distance à l'entour de cet amphithéâtre, et à leur sommet flottent des banderolles sur lesquelles sont peintes les armoiries de toutes les nobles maisons de la Bretagne. Les entrées de cette lice, grandes ouvertures, permettent d'entrevoir à l'intérieur, tout à l'entour du sable doré qui couvre l'arène, les loges élégantes, ornées des plus riches étoffes, destinées aux dames et aux damoiselles des gentilshommes de la province, aux belles cousines, aux parrains et aux marraines des chevaliers qui devront combattre, et enfin à toutes les personnes de marque, invitées à assister à ce spectacle, dont la lice sera le théâtre.

Or, comme il y a foule, et foule bariolée de manants, de vilains, de gens de Rennes et des petites gens, comme on disait alors, de tout le voisinage du manoir de la Motte-Roon, et que cette foule se presse haletante, à l'entour de l'enceinte, nonobstant le soleil qui se couche et la nuit qui vient, on comprend que le jeune curieux ait choisi le piédestal des créneaux pour observer de loin l'animation, la confusion, le tableau mouvant de cette scène agitée.

Car c'est un tournoi, du mot latin *tornementum*, tournoiement, qui doit avoir lieu le lendemain.

Nous sommes, en effet, à l'époque de ces fêtes publiques et militaires en usage au temps de la chevalerie, où l'on s'exerce, soit à pied, soit à cheval, à plusieurs sortes de combats, et où se produit un nombreux concours de princes, de seigneurs et de chevaliers, qui se disputent les prix en champ clos

Maintenant, voulez-vous savoir quel est le jeune homme en observation sur les ravenelles du château fort? Pour cela, écoutons-le parler; son monologue, inspiré par la mauvaise humeur, nous apprendra ce que nous voulons connaître.

— Ainsi donc me voilà enfermé sous clé, enfermé dans une chambre haute, sur l'avis de mon précepteur, le trop savant Degorge, parce que je ne veux pas apprendre à lire, à cette heure que j'ai seize ans! Eh bien! non, je ne veux pas apprendre à lire, et je n'apprendrai pas!... C'est affaire de manant, cela!... Moi, je suis gentilhomme et ne dois savoir ni lire ni signer, attendu ma qualité de gentilhomme .. Mais le vrai motif qui me fait enclore en cette prison, par ordre de mon père, c'est... qu'on ne veut pas que j'assiste à ce tournoi, donné en cette année 1338, pour fêter le mariage de ma belle cousine Jehanne de Penthièvre avec Charles de Châtillon, comte de Blois. On prétend éteindre en moi mon amour pour les jeux de chevalerie, et on exige que j'apprenne à lire... J'en fais ici le serment : je ne lirai jamais, et je serai chevalier toujours et quand même.

Moi, Bertrand Duguesclin, je n'assisterais pas à ce tournoi! Nenni pas : j'y serai! si je suis ignorant dans les lettres, je suis savant dans les armes... continue-t-il en marchant à grands pas dans sa cellule.

Il y aura, demain, là-bas, des *joutes* où deux chevaliers seulement courront l'un sur l'autre pour rompre une lance;

Des *quadrilles*, où l'on combattra par escadrons;

Des *castilles*, ou simulacres de siége;

Des *trépignées*, qui offriront l'image d'une mêlée furieuse.

Les armes ordinaires seront des lances sans fer ou à fer rabattu; des épées sans tranchant, nommées *gracieuses* ou *courtoises*.

Néanmoins on se servira bien un peu de lances à fer émoulu, de haches, de massues et autres armes de bataille, ce qu'on appelle *armes à outrance*.

Des juges du camp veilleront à l'observation des règlements. Notamment, ils auront ordre de m'expulser, s'ils peuvent me voir... Me voir! comment me verraient-ils, puisque me voilà enserré en chambre à verroux!... Allons! voilà la nuit... Et c'est demain!... Qui sait, qui sait, qui sait?

Or, les prix seront décernés par les dames... Et je ne serai pas là, moi, Bertrand Duguesclin... Hélas! je ne l'ignore pas: je suis fort laid, partout je ne serai jamais bienvenu des dames...

Oh! non!... Mais, en revanche, je saurai toujours... me faire craindre... de mes ennemis!...

En prononçant ces dernières paroles, notre jeune gars imprime à sa physionomie une épouvantable grimace, qui n'a rien de rassurant pour l'avenir...

Pendant que la nuit couvre la lice du tournoi, le château fort de la Motte-Roon et Bertrand Duguesclin lui-même, de ses ombres épaisses, disons de suite, entre parenthèse, que l'on attribue à un certain Geoffroy de Reuilly, gentilhomme tourangeau, la rédaction des premiers règlements usités, en France, des tournois, d'où le nom serait venu de Tours, patrie de ce Reuilly.

Ajoutons aussi que les tournois, issus de la chevalerie, disparurent avec elle, lors de l'invention des armes à feu.

On cite, au XVIᵉ siècle, les tournois du fameux camp du Drap d'or, sous François Iᵉʳ; le tournoi de la porte Saint-Antoine, à Paris, où Henri II fut mortellement blessé par la lance de Montgomery, et celui où Charles IX fut blessé, lui aussi, par le duc de Guise : mais ce furent les derniers.

Aux tournois succédèrent alors les carrousels.

Donc, le lendemain, de bonne heure, on entend sonner au loin les trompettes du camp, qui annoncent que la lice est ouverte et que la fête va commencer.

Les loges sont remplies de dames et damoiselles en toilettes éblouissantes. Les gentilshommes les plus accomplis occupent les gradins et tous les espaces vides. Au-dehors la plèbe, un populaire innombrable, escalade les rochers, grimpe à tous arbres, monte qui sur des chevaux de labour, qui sur des ânes, qui sur des bœufs, en un mot s'établit comme il peut, afin d'avoir au moins de ci de là, quelques perspectives fuyantes de cette solennité militaire.

Le sire Duguesclin, père de Bertrand, a eu soin de s'assurer que son fils est solidement enfermé dans la chambre haute, et, prenant à sa suite tous ses chevaux de bataille et ses écuyers, il descend allégrement de son manoir féodal vers le camp.

Chemin faisant, le seigneur de la Motte-Broon ne remarque pas une sorte de paysan encapuchonné, qui trottine sur un mauvais cheval, et qu'il dépasse bientôt... Ce paysan, c'est Bertrand, dont le père croit avoir bien clos la cage. Mais l'oiseau s'est envolé à l'avance ; et voici le grand amateur de tournois qui se dirige vers la lice.

Que faire en ce piètre équipage ? Se tenir debout sur sa bête, au-dehors du camp, et regarder... ce qu'il pourra voir !...

Cependant les trompettes sonnent pour la dixième fois. Le cœur du pauvre gars bat à se rompre sous le surcot qui le travestit. Tout-à-coup il saute de sa misérable haquenée, car il voit passer près de lui un chevalier de sa connaissance, lequel, après avoir honorablement combattu, se retire à l'écart sous la feuillée, pour se reposer de ses fatigues.

Bertrand le suit, se jette à ses pieds et le supplie avec tant d'instances de lui prêter ses armes et son cheval pour paraître à son tour dans la lice, que le bon chevalier consent enfin à satisfaire ses désirs.

Bientôt équipé, Duguesclin baisse la visière de son casque, pour éviter d'être reconnu, et, selon l'usage, ayant obtenu des juges du camp la permission de combattre, par douze fois, il prend du champ, s'élance contre les adversaires qui se présentent, et, par douze fois, de sa lance vigoureuse, il les soulève de la selle, les renverse de cheval et les couche dans la poussière.

Or, les chevaliers sont les plus vaillants guerriers du tournoi. Je vous laisse à penser quel tonnerre d'applaudissements...

Les dames allaient remettre le prix d'honneur à ce chevalier inconnu, lorsqu'un nouvel adversaire se présente encore pour rompre une lance avec lui. Déjà notre héros se prépare à terrasser ce nouveau rival, lorsque, aux couleurs des plumes du cimier, Bertrand reconnaît son père, le sire Duguesclin.

Aussitôt, sautant de cheval, après avoir abaissé sa lance, ce fils respectueux court à son père, met un genou en terre, et le prie de lui donner sa bénédiction et de l'armer bientôt chevalier... Ivre de joie, le sire Duguesclin le serre dans ses bras, le porte lui-même en triomphe, le déclare l'orgueil et la gloire de sa famille composée de dix enfants, et dont Bertrand est l'aîné.

Cette fois, ce ne sont plus des applaudissements : ce sont des cris frénétiques, des hurrahs de transports, et des clameurs de triomphe...

De ce moment, Bertrand Duguesclin ne quitte plus les armes. Selon la coutume qui veut que chaque gentilhomme ait son cri de guerre, il choisit pour le sien *Notre-Dame Duguesclin !* et ce cri, tant qu'il vivra, sera le signal de la défaite des Anglais et des autres ennemis de la France.

A présent, lecteur, vous connaissez Bertrand Duguesclin.

Ce généreux gentilhomme devient l'homme le plus célèbre de son époque, car il est d'un temps où la force du corps et ce qu'on nomme vertus guerrières sont, avec la naissance, l'unique moyen d'illustration.

Je vous ai dit qu'il a une tête disgracieuse, des traits difformes, l'œil petit, mais vif et perçant. Il est d'un naturel fier, intraitable. .

On le dit descendant d'une des premières familles de l'Armorique, sur l'origine de laquelle on fait plus ou moins de contes merveilleux. Quelques-uns le font venir d'un roi maure, nommé Aquin, établi au vIII° siècle dans la Bretagne, où il construisit un château du nom de *Glay*, d'où l'on tire les noms de *Glay-Aquin*, et, par corruption, *Gleasquin, Gueaclin,* et enfin *Duguesclin.*

Quoiqu'il en soit, par défaut de capacité, ou plutôt par mépris de ce qu'on appelle éducation, puis dans les habitudes de la noblesse de ce temps-là, Bertrand ne put ou ne voulut jamais apprendre à lire.

Il fut un homme d'armes, et pas autre cho se. Mais quel homme d'armes! Nous venons de voir son coup de maître et son début dans la carrière chevaleresque, alors qu'il compte à peine dix-sept ans. Le tournoi de 1338 le met au premier rang des champions de l'époque. Certes, quand on lit un pareil fait d'armes, réellement historique, de la part d'un adolescent, on ne peut plus absolument rire de ces prodigieuses prouesses de quelques chevaliers,

desquels l'épée à deux mains, ou la masse
d'armes, était suffisante pour décider une victoire. A eux seuls, de tels hommes renversaient
des compagnies et même des bataillons de misérables vilains, mal armés, à moitié nus, surtout quand on se rappelle l'enveloppe de fer
dont ces chevaliers étaient couverts, enveloppe
si hermétiquement fermée que du moment que
celui qui portait cette armure tombait terrassé
et presque sans vie, c'était tout ce que pouvait
le vilain que de trouver quelque ouverture par
où il pût introduire la lame de son couteau pour
achever le mourant.

La France était alors ravagée par les Anglais,
qui en occupaient les plus belles provinces, ce
qui laissait toute carrière au caractère si hardi
et si martial de Duguesclin, pour guerroyer
tout à son aise.

Certes, il ne s'en fit pas faute !

C'étaient, chaque jour, de nouveaux convois,
de nouveaux détachements isolés qu'il enlevait.

Il soutint, au siége de Vannes, avec vingt
hommes déterminés, une lutte de toute une
nuit contre trois mille Anglais.

En 1356, il enleva par surprise le château de
Fougerai, et se distingua peu après devant
Rennes, qu'assiégeaient les Anglais, comme
Vannes précédemment, par un trait d'éclat qui

fut admiré, même de ces derniers. Il se présente au point du jour à l'entrée du camp ennemi, avec cent hommes choisis. Tout ce qui s'oppose à sa marche est égorgé en quelques instants. Les tentes sont incendiées au milieu de la confusion, et il s'empare d'un convoi de deux cents chariots avec lesquels il entre triomphant dans Rennes

Le célèbre duc de Lancastre, oncle du prince de Galles, — le Prince Noir, — qui dirige le siége, veut le voir, et lui envoie un héraut. Pendant cette entrevue, un chevalier anglais, nommé Bembro, réputé parmi les siens d'une force de corps prodigieuse, vient l'accuser d'avoir tué un de ses parents, lors de la surprise du château de Fougerai, et demande à faire contre lui trois coups d'épée.

— Six et plus, si vous voulez... répond Duguesclin en lui serrant la main.

En effet, a lieu le combat, le lendemain, entre la ville et le camp, aux yeux des Anglais et des Français. Bembro tombe d'un coup de lance, expirant. Consternés, les Anglais, pour se venger, tentent un assaut. Mais, dans la sortie que tente Duguesclin, il les défait à plate couture, sur trois points différents, et les oblige à lever le siége.

C'était le moment où le Prince Noir était aux

prises, avec les Français. à la bataille de Poitiers.

Charles de Blois, pour récompenser Duguesclin d'avoir fait lever le siége de Rennes, lui donne une belle terre, la Roche-Derrien.

Mais alors, un autre chevalier anglais, Thomas de Cantorbéry, non moins fort que Bembro, et jaloux de Duguesclin, le provoque en duel. Le combat a lieu dans Dinan, sous les yeux de Lancastre et de ses principaux officiers. Thomas de Cantorbéry, vaincu, est aussitôt chassé de son corps, et le siége de Dinan est levé.

C'est vers cette époque que le roi Jean II, prisonnier des Anglais à la tour de Londres, revenait en France, sur parole : mais, n'ayant pu compléter sa rançon, ce prince loyal retourne bientôt en Angleterre, où il meurt dans sa prison.

C'est alors aussi que Charles V, dit *le Sage*, fils de Jean II, lui succède.

Quoique réputé le premier homme de guerre de son temps, la séparation de la Bretagne, sa patrie, d'avec la France, tenait Duguesclin presque constamment attaché au service de sa chère Bretagne, quand enfin lui vint le désir de demander au roi le gouvernement de Pontorson et une compagnie de cent lances.

Il se rend d'abord à Nantes, où il épouse

Thiéphaine Raguenet, riche héritière d'une illustre maison.

Il eut plus tard une seconde femme, Jeanne de Laval, fille de Jean de Laval, seigneur de Châtillon.

Après quoi, comme premier exploit en qualité d'officier du gouvernement de France, il entreprend de chasser les Anglais de la Normandie, où Charles-le-Mauvais fait aussi des siennes, car il l'avait envahie, autant à cause de la proximité de la capitale, que pour la fertilité de son sol. Aussi ce pauvre pays servait-il de point de mire à toutes les bandes d'aventuriers armés qui se ruaient sur la France.

Duguesclin fut nommé commandant en chef de toutes les troupes de Charles V, avec mission de reconquérir cette province.

En face de l'armée de Charles-le-Mauvais et avant la première bataille qu'il allait livrer depuis la mort du roi Jean, Duguesclin s'adressa ainsi qu'il suit à ses soldats :

— Or, avant, mes amis, la journée est à nous ! Pour Dieu ! souviègne que nous avons un nouveau roi de France, et que sa couronne soit étrennée par nous...

Le célèbre captal de Buch, retranché sur la rivière d'Eure, commandait l'armée de Charles-le-Mauvais. Il fut complètement défait en cette bataille, livrée près de Cocherel, et tomba lui-même aux mains de Duguesclin.

Cependant Charles V était assis sur un trône bien mobile, car, malgré la prudence qu'il avait déployée pendant ses quatre années de régence, son règne s'ouvrait sous les plus tristes auspices.

D'abord une peste cruelle ravagea Paris et la France. Dans Paris, enfants ou hommes, pauvres ou riches, mouraient par milliers. Dans les moindres villages, quand la mort entrait dans une maison, elle enlevait tout ce qui avait de vie. A Argenteuil, par exemple, où l'on comptait sept cents feux, il n'en resta que quarante-cinq. Les ravages des voleurs ou des bandits armés s'ajoutaient à ceux de la peste.

Ensuite, Charles V n'avait avec son grand rival, Edouard III d'Angleterre, qu'une paix odieuse et fatale. Sortir des conditions du traité de Brétigny, et reprendre quelques-unes des provinces que la France avait perdues, tel était le désir secret du roi et du pays.

En attendant, la guerre continuait, comme nous avons vu précédemment, dans la Bretagne entre Jean IV de Montfort, protégé par le roi d'Angleterre, et Charles de Blois, soutenu par le roi de France.

D'autre part on était toujours en démêlé dans le royaume, le roi, très-méfiant, avec

Charles-le-Mauvais, roi de Navarre, effrontément perfide.

Enfin, en Espagne, les deux frères, Pierre-le-Cruel et Henri de Transtamare, se disputaient le trône de Castille.

Le gouvernement de Charles V était celui d'un prince intelligent, prudent et honnête : mais le roi de France n'avait que peu d'hommes capables autour de lui. Aussi ce lui fut bonne fortune de rencontrer un homme qui allait être la force guerrière et la gloire chevaleresque de son règne.

Charles V, étant régent, avait remarqué ce brave au siége de Melun, en 1359, où Duguesclin, car vous devinez qu'il s'agit de notre héros, où Duguesclin avait, pour la première fois, porté les armes pour le service de la France. Aussi, devenu roi, Charles-le-Sage dit un jour à Boucicaut, maréchal de France :

— Boucicaut, partez d'ici avec ce que vous avez de gens, et chevauchez vers la Normandie : vous y rencontrerez messire Bertrand Duguesclin. Tenez-vous prêts, je vous prie, vous et lui, pour reprendre sur le roi de Navarre la ville de Mantes, par quoi nous soyons seigneurs de la rivière de Seine.

— Bien volontiers, sire... avait répondu Boucicaut.

Et, peu de semaines après, le 7 avril 1364, Boucicaut entrait, par ruse, dans Mantes, avec sa troupe, et Duguesclin survenait brusquement avec la sienne, s'élançait au grand galop dans la ville, et criait :

— Notre-Dame Duguesclin, à mort, à mort tous les Navarrois !...

Les deux guerriers firent de même, le lendemain, aux portes de Meulan, à douze kilomètres de Mantes ; et ainsi étaient prises les deux villes, ce dont Charles V, alors à son sacre, à Reims, fut très-joyeux, et fut très-courroucé le roi de Navarre, le mari de Jeanne, première sœur du roi de France, et par conséquent son beau-frère.

Charles, très-satisfait, récompensa et punit.

Duguesclin devint maréchal de Normandie et reçut le comté de Longueville, confisqué sur Charles-le-Mauvais. Puis quelques Français, affidés de ce dernier, furent exécutés.

Alors le roi de France voulut prendre part à la guerre de Bretagne, et Duguesclin fut envoyé pour soutenir Charles de Blois. Nous avons vu ce qui lui advint en cette circonstance, à la bataille d'Auray, où périt le comte de Blois, et où notre Duguesclin fut fait prisonnier. Aussi, pourquoi Charles de Blois s'était-il obstiné à combattre ?

Les Anglais et Montfort occupaient une hauteur, comme à Poitiers, comme à Cocherel, et Duguesclin ne voulait pas les y attaquer. Mais il dut se soumettre. Et puis d'ailleurs les seigneurs bretons des deux partis voulaient mettre un terme à cette longue rivalité. Forcé de combattre, Duguesclin disposa ses troupes en si belle ordonnance, que le chef anglais s'écria, en admiration :

— Que Dieu m'aide, comme il est vrai qu'il y a ici une fleur de chevalerie, grand sens et belle ordonnance !

L'irritation des deux parts était si grande que si Charles de Blois n'eût pas succombé, les Anglais devaient l'*occire*, en cas de prise, et de même, les Français devaient *occire* Jean de Montfort, car on « voulait fin de guerre. »

En ces temps là batailler était la vie des chevaliers.

C'est ainsi que, en 1350, la guerre avec la Bretagne avait été marquée par un fait d'armes resté célèbre, sous le nom de *Combat des Trente.*

Robert de Beaumanoir, gouverneur du château de Josselin, avait défié le capitaine anglais Richard Bramboroug, qui commandait a Ploërmel. Ils se rencontrèrent sur la lande de Josselin, ayant chacun vingt-neuf compagnons. La mêlée fut longue et sanglante. Beaumanoir, blessé un des premiers et souffrant de la soif, demandait à boire. Un de ses compagnons,

Geoffroi Dubois, lui cria : « Bois ton sang,
Beaumanoir !... » et il continua de frapper.
Quatre Français, neuf Anglais, et parmi ceux-
ci le capitaine, furent tués. Presque tous les
autres, des deux côtés, furent blessés. Enfin
les Anglais se rendirent aux Français.

Duguesclin prisonnier et Charles de Blois
occis, Charles V négocia. Jean de Montfort fut
reconnu duc de Bretagne, et la veuve de Charles
de Blois reçut le comté de Penthièvre, avec la
vicomté de Limoges. Alors Jean IV de Montfort
vint à Paris rendre hommage au roi de France,
le genou baissé et les mains jointes entre celles
du prince.

Mais qu'elle avait été terrible cette bataille
d'Auray, perdue par l'infortuné Charles, comte
de Blois, contre Montfort et les Anglais, livrée
le 29 septembre 1364 ! Olivier de Clisson se
trouvait dans les rangs de la Grande-Bretagne,
que commandait le redoutable Chandos, et l'é-
pée de ces deux guerriers jonchaient le champ
de bataille de soldats français.

De son côté, dans l'armée française, la
massue de Duguesclin, qu'un homme de force
ordinaire soulèverait avec peine aujourd'hui,
ne produisait pas moins de ravages dans les
rangs des soldats anglais. Ce fut quand tomba
Charles de Blois, blessé à mort, que, resté avec
cinq ou six chevaliers seulement, qui ne l'avaient

pas quitté, Bertrand Duguesclin combattit avec le plus de fureur.

— Rendez-vous, messire Bertrand, lui dit Chandos : cette journée n'est pas à vous !

La massue du guerrier breton, en effet, avait fini par se briser entre ses mains, par suite de tant de chocs redoublés sur les hommes de fer qui le pressaient. Il n'était plus armé que de ses gantelets. Force lui avait été alors d'accepter la proposition de Chandos.

Cette journée, par suite de la mort du comte de Blois, ainsi que nous le disons plus haut, amena une paix provisoire entre la France et l'Angleterre.

Quant à Duguesclin prisonnier, ses amis se cotisèrent pour payer sa rançon, qui fut de cent mille livres.

Hélas ! nous sommes contraints de faire ici un aveu pénible, pénible par suite de l'admiration que nous inspire l'institution de la chevalerie, considérée dans son but, dans sa perfection primitive. Elle est déjà bien dégénérée au temps de Duguesclin, et l'honneur ne lui servait plus que rarement de guide.

Au lieu de ce respect religieux pour son Dieu, sa patrie, sa dame, de ces maximes si généreuses, si belles, qui faisaient de l'enthousiaste chevalerie un contrepoids de toutes les imperfections, des vices et des malheurs du système féodal, ce n'était plus alors qu'une association de gentilshommes en qui toute la noblesse d'âme était éteinte; qui se livraient à tous les genres d'exactions, de violences ; qui, en tout et pour tout, abusaient de la force, sans pitié comme sans remords.

Dans cette dégénération, la paix était un état contre nature, et à peine eut-elle été proclamée, cette paix, après la bataille d'Auray, que les seigneurs français, bretons, anglais, se réunirent avec la résolution de faire la guerre pour leur propre compte. C'est ce qui va produire le malheur de notre pauvre France.

Ainsi, ce n'était pas assez de l'infortune générale du pays causée par cette longue guerre entre l'Angleterre et la France, — *guerre de Cent ans*, de 1337 à 1437, — il fallut subir alors cette autre guerre incessante des chevaliers réunis en association militante envers et contre tous, par amour du désordre, de la paillardise et du pillage. Car, à ces chevaliers sans conscience se réunirent bientôt des bandes infinies de soldats de toute nation et de toute origine, qui, vendant leur épée à quiconque pouvait la payer, dévastèrent le royaume dans tous les sens, et s'occupaient moins de combattre des ennemis que de dépouiller les habitants des villes, des villages et des moindres hameaux.

Cette soldatesque indisciplinée, effrénée, devint un véritable fléau que rien ne pouvait contenir, que rien ne pouvait détourner.

Routiers, Ecorcheurs, Bandouillers, Brabançons tels étaient les noms que l'on donnait à ces farouches soudards, vieillis dans le métier de la guerre et insatiables de désordres, de débauche et de pillage, composant les bandes formidables dites *Grandes Compagnies* ou *Compagnies d'Aventures.*

Sur ces entrefaites, Duguesclin revient à la cour de France, où Charles V le reçoit plein de joie, et met à sa disposition ses trésors et son armée pour en finir avec les Grandes Compagnies, par la paix ou par la guerre. Elles sont alors rassemblées dans les plaines de Châlon-sur-Saône.

Duguesclin, accompagné de deux cents chevaliers, va les trouver. Il est reçu avec enthousiasme. On lui offre aussitôt le commandement en chef. Notre grand capitaine, voyant avec satisfaction l'influence qu'il peut avoir sur ces gens de sac et de corde, leur tient ce discours :

— La plupart d'entre vous ont été mes compagnons d'armes, et vous êtes tous mes amis. Vous devez secourir et conserver nos provinces de France, au lieu de les ravager ; or, je vous en apporte les moyens. L'Espagne gémit dans les fers des Sarrasins, allons-y ensemble. Là, nous pourrons largement profiter, car le pays est bon pour mener grande vie, et il y a d'excellents vins, qui sont friands et clairs. Pour vous aider à faire la route, le roi vous donne deux cent mille florins d'or. Nous trouverons peut-être en chemin quelqu'un qui nous en donnera autant. Je serai du voyage...

Ce discours est accueilli par des acclamations unanimes. On jure de suivre Duguesclin. L'élite de la noblesse accourt sous ses drapeaux.

On part, et l'on arrive aux portes d'Avignon, où siége alors la cour de Rome. C'est sur les prélats que compte Duguesclin pour les deux cent mille autres florins. La demande en est faite, ainsi que celle de lever une excommunication que le Saint-Père a lancé sur les Grandes Compagnies. Comme ces compagnies s'amendent et vont guerroyer contre les infidèles, l'absolution est accordée. Mais il ne se trouve pas facilement deux cent mille florins d'or. Alors les soudards s'emportent, et, comme, à leurs yeux, le but de leur expédition sanctifie tous les moyens, les voilà qui se répandent dans les campagnes voisines d'Avignon, et s'y livrent aux plus grands excès. Les villages sont incendiés, les bourgades pillées. Les flammes sont bientôt sous les murs de la ville papale. Aussitôt on propose cent mille florins : c'est tout ce que l'on a pu réunir. Ce compromis arrange tout, et l'armée des trente mille soldats des Grandes Compagnies se remet en marche.

Don Pèdre, ou comme nous l'appelons *Pierre-le Cruel*, qui règne en Espagne, s'est souillé de plus de crimes que tous les Sarrasins ensemble, sans parler du meurtre de son frère et de l'empoisonnement de Blanche de Bourbon, sa femme, belle-sœur de Charles V.

Duguesclin est assez sage pour prendre contre cet homme féroce les droits de Henri de Transtamare, au lieu de poursuivre une vaine et injuste expédition. Il chasse don Pèdre de toutes les places qu'il a conquises dans l'Aragon, soumet à Henri celles de la Castille, et le salue, le premier, roi de cette province, de Séville et de Léon. Il le fait même couronner à Burgos, et reçoit pour récompense les titres de duc de Molina et de connétable des royaumes de Castille et de Léon, avec les deux comtés de Transtamare et de Soria.

Mais don Pèdre s'est réfugié à Bordeaux, près du prince de Galles. Celui-ci passe aussitôt les monts. Puisque la France soutient Henri de Transtamare ne faut-il pas que notre vieille ennemie l'Angleterre soutienne Pierre-le-Cruel?

Duguesclin, de retour en France, est informé du danger que court Henri. Il rassemble ses compagnies, déjà dispersées pour se livrer aux rapines, et arrive dans les plaines espagnoles de Najara ou Navarette, le 3 avril 1367.

C'est là que se rencontrent les deux armées, fortes chacune d'environ cent mille hommes. Contre l'avis de Duguesclin, Henri livre la bataille et la perd. Le chevalier breton, resté presque seul, est adossé à un mur, et se défend avec le courage du désespoir.

— Point de quartier pour Duguesclin !... crie don Pèdre, qui survient.

Le héros l'entend et le renverse sans connaissance d'un coup d'épée. Mais survient aussi le Prince Noir.

— Gentils maréchaux de France, et vous, Bertrand, rendez-vous !

— Ce sont là mes ennemis, fait don Pèdre, qui revient à lui. Ils m'ont pris mon royaume, je veux m'en venger...

Et il tire sa dague pour frapper notre vaillant guerrier, qui déjà est désarmé, car il remet son épée au prince de Galles, en lui disant :

— Je rends du moins mon glaive au plus vaillant de la terre...

Le captal de Buch est chargé de garder le prisonnier, qui doit être conduit à Bordeaux.

— Eh bien ! dit le captal à Duguesclin, vous me fîtes prisonnier à la bataille de Cocherel, et je vous tiens aujourd'hui, messire Bertrand !

— Oui, reprend le Breton, mais je vous pris

moi-même à Cocherel, et ici vous n'êtes que mon garde.

La bataille de Najara terminée, et Pierre-le-Cruel rétabli sur un trône qu'il ne devait pas occuper longtemps, le prince de Galles retourne à Bordeaux, avec son armée et son prisonnier, qu'il traite avec courtoisie.

Duguesclin s'ennuie bientôt de son inaction, parmi ces Anglais qui occupent notre Guyenne. Par bonne fortune, le Prince Noir le rencontre, un jour, et le voyant triste et abattu, lui dit :

— Comment vous trouvez-vous, Bertrand?

— A merveille, monseigneur, car comme on dit partout que je suis le premier chevalier du monde, puisque vous n'osez me mettre à rançon.

Piqué, le prince lui offre aussitôt de la fixer lui-même...

Duguesclin réplique :

— Que veut le roi Edouard?

— Cent livres...

Le chevalier breton, ne se croyant pas traité avec assez de dignité, offre aussitôt cent mille florins d'or. Mais après débats, on convient de soixante-dix mille florins, somme dont Duguesclin ne veut absolument rien rabattre.

— Mais où les prendrez-vous, Bertrand?.. dit le Prince Noir.

— Monseigneur, il n'y a fileuse en France qui ne filât une quenouille pour payer ma rançon.

Or, Duguesclin eût payé cette rançon, à Bordeaux même s'il eût voulu accepter les offres des chevaliers anglais, ses ennemis, mais ses admirateurs.

Ce furent les Bretons, ses amis, et le roi de France, qui la payèrent de grand cœur pour lui.

Hélas! la plupart des aventuriers champenois, bourguignons, picards, normands et autres, engagés dans les Grandes Compagnies que notre Duguesclin avait emmenées hors de France, le quittaient après avoir recueilli les profits de leur course. Ils repassèrent les Pyrénées, pour aller encore une fois reprendre, en France, leur vie errante et pillarde.

Quinze cents hommes d'armes restèrent en Espagne fidèles à Duguesclin, fidèle lui-même à Henri de Transtamare, qui l'avait fait connétable.

Celui-ci était rentré en Espagne, où il luttait avec un succès décisif contre don Pèdre. Alors, Duguesclin, appuyé des secours de la France et de Rome, alla de nouveau le secourir. Il défit les rois maures qui soutenaient don Pèdre, près de Cadix, dans une dernière bataille où ce redoutable ennemi fut fait prisonnier.

Henri de Transtamare et notre chevalier breton étant allés le voir dans la tente où il était gardé à vue, don Pèdre arracha la dague d'un soldat et se rua sur Henri, pour l'égorger. Mais Henri, pour se débarrasser de cette bête fauve, fut contraint de le tuer. Dès lors, la guerre fut terminée.

Duguesclin, quoique comblé d'honneurs, et éprouvé par deux défaites, n'avait pas encore connu ni toutes les faveurs ni toutes les rigueurs de la fortune.

A son retour d'Espagne, le roi Charles-le-Sage lui dit qu'il le faisait connétable de France.

— Cher sire et noble roi, répliqua l'honnête et modeste guerrier, je vous prie de m'excuser. Je suis un pauvre chevalier, et un bien petit bachelier. L'office de connétable est si grand et si noble, que, pour qui veut bien s'en acquitter, il convient de l'exercer et de commander bien avant, et plus sur les grands que sur les petits. Voici messeigneurs vos frères, vos neveux, vos cousins, qui auront charges de gens d'armes dans les armées et les chevauchées ; comment oserai-je commander sur eux ?...

— Messire Bertrand, lui répondit le roi, ne vous excusez pas par cette voie. Vous serez, vous êtes connétable de France...

« Et, pour le plus assurer, le roi l'assit près de lui à sa table, lui montra tous les signes d'amour qu'il put, et lui donna avec l'office plusieurs beaux dons, et grandes terres, pour lui et ses héritiers... »

Charles V pouvait sans crainte prodiguer ses dons au loyal soldat, car Duguesclin n'avait rien de plus pressé que de les prodiguer à son tour pour le service du roi. En prenant possession de son office, il donna de nombreux et somptueux dîners aux barons, chevaliers et soldats qu'il devait commander. Il aimait les hommes d'armes, et souvent nòtre héros engagea sa magnifique argenterie, pour payer « sans faute les chevaliers et combattants dont il fut conducteur. »

Alors les Anglais, qui étaient aux portes de Paris, cessèrent d'être partout victorieux. Duguesclin les chassa de la Normandie. Il passa ensuite dans la Guyenne, révoltée contre le prince de Galles, et y conquit la plupart des places fortes et presque toute la province.

Il reprit aussitôt le Poitou, la Saintonge, le Rouergue, le Périgord, et une moitié du Limousin, où le Prince Noir était exécré.

Il était exécré, parce qu'il avait voulu mettre l'évêque de Limoges dans son parti. Mais l'évêque résista. Furieux, le Prince Noir marche vers Limoges. Arrivé devant la place, il fut

sauter une partie des murs, et ses soldats s'é-
lancent par la brèche dans les rues de la ville.
Lui-même se fait porter dans sa litière. « Là
eut grande pitié, dit Froissard, car hommes,
femmes et enfants, se jetaient à genoux devant
le prince et criaient :

» — Pardon, gentil sire, pardon !

» Mais il était si enflammé d'ardeur que
point n'y entendait, ni nul, ni nulle n'était
ouïe, mais tous *mis en l'épée*. Il n'est si dur
cœur que, s'il fut alors en la cité de Limoges,
et il lui souvint de Dieu, qui n'en pleurast
tendrement, car plus de *trois mille personnes*
y furent *égorgées* en cette journée. Dieu en
ait les âmes, car elles furent bien martyres !... »

L'Anglais ne commença à se calmer un peu
que par l'intérêt qu'il prit au combat de trois
chevaliers français qui, acculés contre un mur,
luttèrent comme en champ clos, contre le duc
de Lancastre, et les comtes de Cambridge et
de Pembroke. Le prince de Galles fit arrêter
son chariot auprès d'eux, pour jouir de ce spectacle. Il permit que les trois chevaliers fussent
reçus à merci. Il fit même grâce à l'évêque.

Mais ce triste exploit fut le dernier du Prince
Noir. On était alors en 1370. Il languit quelques années, et alla mourir en Angleterre, en
1376.

Ce massacre de Limoges fut, en effet, dans

toute la France, un sujet d'horreur et de colère contre les Anglais.

Enfin, les Anglais étant de rechef rentrés en Bretagne, avec soixante mille hommes, à la voix de Montfort, Duguesclin accourut, les broya dans une bataille sanglante, et les poursuivit jusqu'à Bordeaux, où ils arrivèrent réduits à six mille soldats, mais ayant avec eux le traître Montfort.

La Bretagne fut réunie à la France.

Notre héros assiégeait Châteauneuf-Randon, dans le Gévaudan, de concert avec son ami, le maréchal de Sancerre, lorsque le gouverneur lui fit demander une capitulation, qui s'exécuterait dans quinze jours, s'il n'était pas secouru.

Dans ce court intervalle, Duguesclin est atteint d'une maladie dont il meurt presque aussitôt, le 13 juin 1380.

Il compte à peine soixante-six ans.

Ses dernières paroles, adressées aux vieux capitaines qui l'entouraient, furent « de ne jamais oublier, en quelque pays qu'ils fissent la guerre, que les gens d'Eglise, les femmes, les enfants, et le pauvre peuple n'étaient pas leurs ennemis. »

Châteauneuf-Randon devait se rendre le lendemain du jour où expira le vaillant Duguesclin. Le maréchal de Sancerre somma le gouverneur de lui remettre la place. Le gouverneur répondit qu'il avait donné sa parole à Duguesclin, et qu'il ne se rendrait qu'à lui.

— Mais Duguesclin est mort !... lui objecta-t-on.

— Eh bien ! fut-il répondu, je porterai les clés de la ville sur son tombeau !

En effet, le lendemain, le gouverneur, à la tête de la garnison, traversa l'armée assiégeante et vint s'agenouiller devant le corps de Duguesclin, en déposant sur son cercueil les clés de Châteauneuf-Randon.

Les restes de Duguesclin furent enterrés à Saint-Denis, la sépulture des rois de France. Ainsi le voulut Charles V.

A l'éloge de Duguesclin ajoutons ceci : La guerre, jusqu'à lui, n'était qu'une affaire de sabreurs, un choc de deux masses dont la plus pesante, ou la mieux lancée, faisait reculer la plus faible. Il comprit le premier l'avantage des marches, des manœuvres stratégiques, etc., et telle fut l'idée de supériorité qu'il laissa, que les plus grands capitaines de son temps refusèrent de porter après lui, si ce n'est Olivier de Clisson, l'épée de connétable

FIN